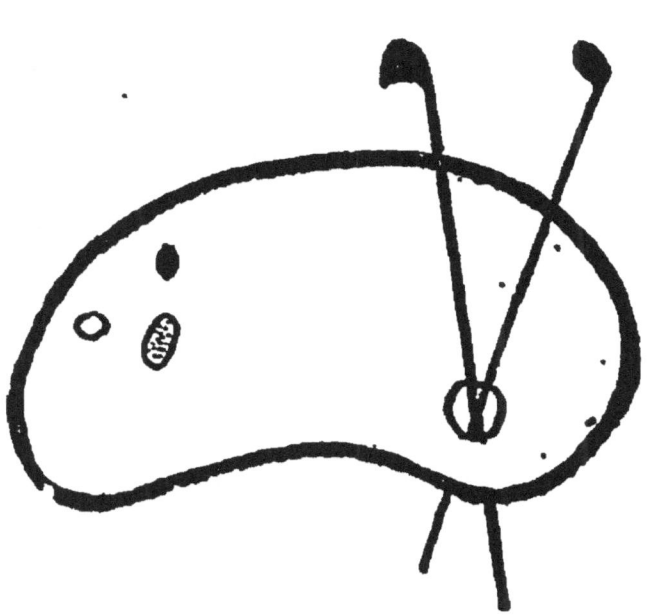

DEBUT D'UNE SERIE DE DOCUMENTS
EN COULEUR

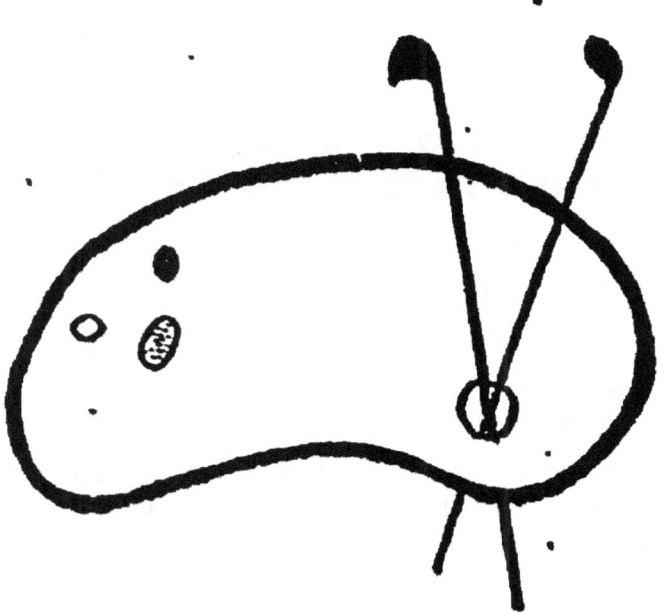

FIN D'UNE SERIE DE DOCUMENTS
EN COULEUR

CATALOGUE
DES
TABLEAUX,
DESSINS ET AQUARELLES,
ESTAMPES
ANCIENNES ET MODERNES,
EN FEUILLES ET EN RECUEILS,
LIVRES D'ARTS ET DE LITTÉRATURE,
USTENSILES DE PEINTRE, etc., etc.,

Provenant du cabinet et des ateliers de feu M. MEYNIER, peintre d'histoire, membre de l'Institut, chevalier de la Légion-d'Honneur,

Dont la vente aura lieu les lundi 26 novembre 1831 et jours suivans, à six heures et demie précises du soir pour les Estampes et les Livres, et les lundi 3 et mardi 4 décembre, à midi précis pour les Tableaux, Dessins et autres, en ses ateliers, rue des Fossés-Monsieur-Leprince, n° 20.

L'exposition générale sera publique dans le même local, les samedi 24 et dimanche 25 novembre, de onze heures à trois.

LE PRÉSENT CATALOGUE SE DISTRIBUE

CHEZ { Me PETIT, commissaire-priseur chargé de la vente, boulevard Poissonnière, n° 14;
PIERI-BÉNARD, marchand d'estampes, boulevard des Italiens, n° 11, qui se chargera des commissions.

1832.

ORDRE DES VACATIONS.

Première vacation, lundi 26 novembre, à six heures et demie du soir.

Estampes du n° 131 à 222.

Deuxième vacation, mardi 27, dito.

Idem du n° 315 à 390 et du n° 223 à 252.

Troisième vacation, mercredi 28, dito.

Idem du n° 391 à 456 et du n° 253 à 259.

Quatrième vacation, jeudi 29, dito.

Idem du n° 457 à 473 et du n° 260 à 314.

Cinquième vacation, vendredi 30, dito.

Livres, le n° 692, partie, le n° 660 à 691, 474 à 550.

Sixième vacation, samedi 1ᵉʳ décembre.

Idem du n° 639 à 659 et du n° 551 à 638.

Septième vacation, lundi 3, dito, à midi précis.

Ustensiles, bosses, couleurs, etc., n° 124 à 130.
Tableaux du n° 61 à 115.
Dessins du n° 116 à 123.

Huitième vacation, mardi 4, dito.

Tableaux du n° 1 à 12.
Dessins du n° 13 à 60.

ABRÉVIATIONS USITÉES POUR LES ESTAMPES.

ap. . . . . après.
av. l. l. . . . . avant la lettre.
B. suivi d'un n° désigne . . le catalogue de Bartsch.
ép. . . . . épreuve.
est. . . . . estampe.
p. . . . . pièce.

AVERTISSEMENT.

Notre exposition offrira à MM. les amateurs un ensemble fort curieux de dessins et croquis des principaux ouvrages de M. Meynier, qui se trouvent aujourd'hui épars dans les musées et dans les collections particulières : on y verra avec un grand intérêt, sans doute, de combien de manières différentes il traitait un sujet avant d'adopter une pensée qu'il modifiait souvent encore en l'exécutant : les nombreuses études qui accompagneront ses compositions prouveront avec quel soin il en rendait les moindres détails.

M. Meynier est né à Paris en 1759; il se livra d'abord à l'art de la gravure; mais il préféra bientôt une carrière qui donnât l'essor à son imagination, et entra en 1785 chez *Vincent*, qui à cette époque contribua, de concert avec David, à régénérer la peinture parmi nous.

Il ne tarda pas à profiter des leçons d'un tel maître et remporta, en 1789, le grand prix de peinture : son voyage en Italie ne fit qu'épurer son beau talent, et le plaça au premier rang de nos peintres d'histoire; ses succès dans les différentes expositions de 1793 à 1815 lui ouvrirent les portes de l'Institut.

Les connaisseurs ont conservé le souvenir *des adieux de Télémaque et d'Eucharis*, charmant ouvrage que la gravure a reproduit : *l'entrée des Français à Berlin; le 76ᵉ de ligne retrouvant ses drapeaux dans l'arsenal d'Inspruck; les Français blessés dans l'île de Lobau, reconnaissant leur général qu'ils croyaient perdu :* ces grandes compositions historiques ont depuis long-temps assuré la réputation de M. Meynier, comme peintre d'histoire; il n'a pas été moins remarquable dans ses compositions allégoriques qu'il a rendues avec tant de grâce et de goût.

M. Meynier a peint trois grands plafonds du Musée; l'un représente *Rome donnant à la terre le code Justinien;* l'autre *la France protégeant les beaux-arts sous les auspices de la Paix;* et le troisième *le Génie préservant de la faux du Temps les chefs-d'œuvres de nos grands maîtres.*

Le Musée du Luxembourg possède plusieurs de ses bons ouvrages, entr'autres, *les cendres de Phocion,* sujet plein d'austérité et de philosophie; *le berger Phorbas présentant OEdipe à Péribée, reine de Corinthe;* enfin il a contribué, avec M. Abel Pujol, à enrichir le palais de la Bourse de beaux bas-reliefs qui y font chaque jour l'admiration des étrangers. Il exécutait pour l'exposition de cette année, au Louvre, un tableau d'une grande dimension, *le philosophe Bias rachetant des esclaves,* quand la maladie qui a si long-temps régné parmi nous, l'a frappé subitement : il est mort le 6 septembre 1832.

———

M. Meynier ayant formé sa nombreuse collection d'estampes, plutôt sous le point de vue de la peinture et pour rappeler les chefs-d'œuvres de nos grands maîtres, que sous le rapport de la gravure, nous avons pensé que nous ne devions pas nous écarter de son but; aussi avons-nous classé le plus grand nombre des estampes que nous avons décrites, d'après les noms des peintres dont elles rappellent les ouvrages, en désignant toutefois les noms des habiles graveurs qui les ont exécutées; les autres ont été classées comme à l'ordinaire sous les noms de leurs graveurs.

TABLEAUX
ET ESQUISSES,
PAR M. MEYNIER.

N° 1.   La France protégeant les beaux-arts sous les auspices de la Paix.

Charmante esquisse terminée d'un des plafonds du Musée.

2.   Le génie préservant de la faux du Temps les chef-d'œuvres de nos grands maîtres; esquisse touchée avec esprit du plafond précédant le grand salon du Musée.

3.   Céphale et Procris; répétition d'un tableau fait pour le comte de Chambord de Munich; composition pleine de charmes.

4.   Esquisse de l'apothéose d'Henri IV.

5.   La sentence de Ligarius; esquisse entièrement arrêtée, du tableau commandé par Lucien Bonaparte.

6.   Bias, l'un des plus célèbres philosophes de l'antiquité, était né dans l'opulence, et faisait le plus noble usage de sa richesse. Des filles de la Messénie ayant été prises par des pirates, furent rachetées par ce grand homme. Il garda près de lui pour les élever dans l'amour de la vertu celles qui étaient orphelines,

et renvoya les autres auprès de leurs parens, après les avoir dotées.

M. Meynier n'a pu peindre qu'une partie de cet ouvrage (le centre de la composition), mais tout le reste est tracé au crayon avec une telle sûreté d'exécution, que le tableau dans l'état où il se trouve a un grand prix pour les peintres et les amateurs.

La composition en est simple et savante; on joindra à ce tableau les dessins qui ont servi à le tracer.

7. Esquisse terminée, du même sujet, avec quelques changemens.

Elle est exécutée avec soin, et peut être regardée comme un tableau complet.

8. Fragment d'un tableau fait à Rome, qui représentait Daniel dans la fosse aux lions.

9. Étude de lion.

10. Esquisse pour le portrait du cardinal Fesch.

11. Copie d'un plafond du Musée, faite sous les yeux et dans l'atelier de M. Meynier.

12. Le maître de musique; tableau de l'école de Rimbrant, entièrement retouché par M. Meynier.

DESSINS.

PREMIÈRES PENSÉES DES PRINCIPAUX OUVRAGES DE M. MEY-NIER, ET COMPOSITIONS NON EXÉCUTÉES.

13. Le génie préservant de la faux du Temps les chefs-d'œuvres de nos grands maîtres.

Fort beau dessin du plafond du Musée précédant le grand salon.

14. Autre pensée du même sujet, et dessin à la plume des Voussures.

15. Les nymphes de Parthenoppe, apportant leur dieu sur les bords de la Seine.
Dessin du plafond du Musée Charles X.

16. Le 76ᵉ de ligne retrouvant ses drapeaux à Inspruck.
Dessin à la plume et à la sépia du tableau qui est à la galerie du Luxembourg.

17. Napoléon visitant les blessés dans l'île de Lobau.
Ce tableau fait partie de la galerie du Luxembourg.

18. Le berger Phorbas présentant Œdipe à Péribée, reine de Corinthe.
Beau dessin à la sépia, qui a servi à exécuter le tableau qui est au Luxembourg.

19. Entrée de Bonaparte à Berlin.
Dessin du beau tableau qui est dans la galerie de Versailles.

20. Dédicace de l'église de Saint-Denis, en présence de Charlemagne.
Dessin à la sépia, rehaussé de blanc, du tableau qui orne le chœur de l'église Saint-Denis.

21. St. Vincent de Paul; fort belle esquisse à la sépia et à l'encre de Chine, du tableau qui est à Lyon dans l'église Saint-Jean.

22. Le triomphe de saint Michel; fort belle composition pleine de verve et d'action, exécutée à l'hospice Boulard à Saint-Mandé.

23. La Sagesse préservant l'adolescence des traits de l'Amour.

Charmant dessin plein de grâce et de poésie; le tableau en a été fait pour M. de Sommariva.

24. Télémaque à la cour de Ménélas, écoutant le récit des aventures d'Ulysse.

25. Les soldats que Pyrrhus avait envoyés pour enlever le jeune Astyanax, se laissent attendrir par les pleurs d'Andromaque.

Deux jolies compositions sur le même sujet.

26. Apothéose d'Henri IV.

Deux fort beaux dessins à la sépia, dans lesquels le même sujet est traité de deux manières différentes avec un égal succès.

Ces compositions sont d'un grand effet; les figures en sont groupées avec art.

Calque d'un des groupes; 3 p.

27. Un vieillard meurt de joie à la vue des couronnes qu'ont gagnées ses enfans aux jeux olympiques.

28. Pensée pleine de candeur et de grâce d'un Bélisaire.

29. Sentence de Lygarius.

Deux fort beaux dessins d'un tableau qu'avait commandé Lucien Bonaparte.

Composition d'un style sévère, pleine de grandiose et d'élévation.

30. Alexandre couvrant de son manteau le corps de Darius.

31 Trois fort beaux dessins et un fragment représentant trois pensées différentes de ce sujet: le tableau n'en a pas été exécuté.

32. Les cendres de Phocion.
Beau dessin du tableau qui est au Luxembourg.

33. Naissance du roi de Rome.
Jolie composition à la sépia, pleine de grâce.

34. Naissance du duc de Bordeaux.
Dessin du tableau fait pour le pavillon Marsan, qui depuis a été changé en naissance de Louis XIV.

35. Le philosophe Bias rachetant les esclaves.
Trois fort beaux dessins à la sépia, rehaussés de blanc ; pensées du tableau que faisait M. Meynier quand la mort la surpris.

Ces compositions sont d'un style élevé, et les figures d'une grande pureté de dessin.

36. Philippe-Auguste, quelques heures avant la bataille de Bouvines, en présence de son armée, prononça ces paroles mémorables : « Français, s'il est parmi vous quelqu'un que vous jugiez plus capable que moi de porter la couronne, je suis prêt à lui obéir; mais si vous m'en croyez digne, songez que vous avez à défendre aujourd'hui votre roi, vos familles, vos biens et votre honneur. » M. Meynier a représenté le moment où, après cette allocution, qui fut suivie du plus grand enthousiasme, le roi, placé sur les marches de l'autel, y reçoit le serment de l'armée et s'arme de son casque pour marcher à l'ennemi.

Grand dessin à la sépia, rehaussé de blanc, du tableau qui était destiné à l'église de la Madelaine.

37. La communion de saint Louis.
Fort beau dessin du tableau qui est à la chapelle des Tuileries.

ÉTUDES ET TRAITS

FAITS SUR NATURE POUR L'EXÉCUTION DES TABLEAUX.

38. Six études pour le plafond de l'apothéose des peintres.
39. Dix études sur papier de couleur, pour les frises du même plafond.
40. Quatre études pour le triomphe de saint Michel.
41. Quatre traits au crayon, pour la dédicace de Saint-Denis.
42. Six études pour les cendres de Phocion.
43. Quatre études pour le tableau de Campaspe.
44. Deux études pour la naissance du roi de Rome.
45. Quatre études pour les drapeaux d'Inspruck.
46. Six études pour le saint Vincent de Paul.
47. Cinq études pour le rachat des esclaves.
48. Cinq études au crayon, dont une terminée pour le plafond des antiques au Musée.
49. Trois études au crayon noir, terminées et très-soignées, pour le plafond des nymphes de Parthenoppe.
50. Sept études au crayon, pour le plafond de l'escalier du Musée.
51. Trois feuilles, têtes d'expression et études au trois crayons, pour divers tableaux.
52. Six pièces, diverses études, pour le Télémaque et autres.
53. Portrait de Pelletier de Saint-Fargeot ; par David, retouché par M. Meynier.

53 *bis*. Étude pour le portrait du cardinal Fesch, feuilles de têtes au trait.

DESSINS FAITS A ROME.

54. Dessin à la sépia, et croquis d'après les statues antiques et les tableaux qui ornent les divers palais à Rome; 56 p.
Cet article sera divisé.
55. Dessins au crayon et à l'estompe, d'après les tableaux de Michel-Ange, du Carrache et autres; 24 p.
56. Traits à la mine de plomb, d'après les bas-reliefs et statues antiques; croquis d'après d'anciens maîtres; 34 p.
57. Paysages à la sépia et au crayon; fabriques et paysages historiques; 26 p.
58. Contre-épreuves de dessins faits à Rome, contre-épreuves de fresques, d'après Raphaël; 7 p.

ÉTUDES.

59. Dessins d'après la bosse et principes; 35 p.
60. Académies et contre-épreuves; 29 p.
Grand nombre de calques faits à Rome.

TABLEAUX

ANCIENS ET MODERNES, DE DIVERSES ÉCOLES.

61. BASSANO. Le baiser de Juda; composition animée d'un grand nombre de figures.

62. *Du même.* Jacob émigrant avec ses troupeaux.

63. Bourdon (style de). La Thomiris ; tableau d'une belle couleur.

64. Cabel (Van der). Riche paysage d'un beau style, représentant un pays montueux, traversé par une rivière : le premier plan est enrichi de figures et d'animaux qui rappellent Karel Dujardin que ce maître cherchait à imiter.

65. Carrache (Annibal). Le corps de Jésus soutenu par la Vierge : auprès d'elle sont deux anges ; l'un tient la main du Sauveur, l'autre la couronne de son martyre. La manière savante avec laquelle ce tableau est touché et le beau caractère des figures nous semblent ne laisser aucun doute sur son originalité.

66. Champagne (Philippe de). Portrait d'un jeune ecclésiastique vu à mi-corps : c'est une des plus belles productions de cet artiste ; elle est d'un coloris brillant qu'on ne trouve pas toujours dans ses ouvrages.

67. *Du même.* Autre portrait d'une touche savante.

68. David. Fort belle esquisse, avec quelques changemens du tableau de Pâris et Hélène, qui est au Musée. David a fait peu de tableaux de chevalet, et l'esquisse que nous offrons sera recherchée, nous l'espérons, des amateurs.

69. Dyck (Van). Portrait d'une jeune fille, savamment esquissé.

70. *Du même.* Fort belle tête d'homme portant une fraise.

71. M. Gérard (François). Prise de Troie. Vénus ar-

rête le bras de Pyrrhus sur le point de tuer Andromaque : ébauche pleine de verve et d'action.

72. GRIFF. Un jeune paysan avec ses chiens gardent du gibier de toute espèce groupé au pied d'un arbre. Ce tableau est signé.

73. *Du même.* Deux tableaux représentant diverses pièces de gibier : ces tableaux sont d'une belle couleur et pleins de vérité.

74. JOUVENET. La Nativité : fort beau tableau bien composé et plein d'harmonie.

75. LARGILLIÈRE. Portrait d'un sculpteur.

76. LELLY. Portrait d'un jeune homme, d'ap. V. Dyck.

77. LEMOINE. Deux petites esquisses de plafond.

78. LANFRANC. Trois esquisses de plafond.

79. LUTERBOURG. Fort belle marine représentant une tempête. Une embarcation cherche à gagner le port. Ce tableau est un des meilleurs de ce maître; les eaux sont pleines de mouvement et le ciel est d'un grand effet.

80. MICHALON. Étude de paysage de ses premiers temps.

81. MIGNARD. Très-belle copie de la sainte Cécile, d'ap. Le Dominiquin.

82. *Par le même.* Le duc de Bourgogne enfant, couché sur un coussin richement brodé. Sujet gracieux et d'un fini précieux.

83. MOLE (Van). Saint Jean : figure pleine de dignité et d'un bel effet.

84. Piombo (Sébastien del). Le massacre des Innocens : composition de Baccio-Bandinelli, peinte par S. del Piombo.

85. Poussin (Nicolas, attribué à). Groupes d'après les fresques antiques représentant les noces d'Aldobrandini.

86. *Attribué au même.* Sainte Marie égyptienne dans un vaste paysage fort bien peint, qui a tout le caractère de ce maître.

87. *École du même.* Jeune fille repoussant avec indignation les présens que lui fait offrir un empereur.

88. Prévost. Jolie esquisse d'un ton chaud.

89. M. Rémond, de Rome. Esquisse d'un de ses tableaux de concours.

90. Rigaud (Hyacinthe). Portrait d'un maréchal de France couvert de son armure : figure pleine d'expression et de dignité.

91. *Par le même.* Portrait de Boileau.

92. *Par le même.* Tête de Turc.

93. Robert. Monumens en ruine.

94. Rubens (d'après). Achille reconnu au milieu des filles de Nicomède : très-belle copie du temps.

95. *Du même.* Jupiter et Antiope.

96. *Du même.* Alexandre et Roxane : très-belle copie, fort bien conservée.

97. Sasso Ferato (attribué à). Tête de vierge pleine de grâce et de suavité.

98. Taunay. Vue d'un monastère bâti sur une montagne, au pied de laquelle coule une rivière. Un joli

paysage termine l'horizon ; sur le premier plan, des figures et animaux touchés avec esprit, terminent la scène.

99. *Par le même.* Des voyageurs altérés par la chaleur de la journée, boivent avec avidité l'eau que leur donne un ermite. Des troupeaux, au second plan, quittent leur pâturage et rentrent avec leur berger : fort beau tableau, d'un bel effet et plein d'intérêt.

100. Teniers (David). Un pâtre gardant son troupeau : on retrouve dans ce joli tableau la touche légère et spirituelle de ce maître.

101. Uden (Van). Saint Hubert s'agenouillant devant le cerf.

102. Velde (J. Van). Troupeau de vaches sur la lisière d'un bois : fort joli tableau d'une belle couleur, signé J. V. V. ; la manière savante dont il est touché ne laisse aucun doute sur son authenticité.

103. Véronèse (Alex.). La modestie et la vanité : tableau d'un pinceau fin et précieux.

104. Vincent. Guillaume-Tell repoussant la barque que porte le gouverneur : belle composition, pleine de verve et d'effet.

105. Vouet (Simon). Trois muses.

Par divers.

106. La belle jardinière : ancienne et belle copie, d'après Raphaël.

107. Deux figures de saint Jérôme, attribuées l'une à Ribera, l'autre à Jordans.

108. Travaux d'Hercule, de l'école de Restout; Renaud et Armide, école de Paul Véronèse.
109. La charité romaine; ancienne copie, d'après le Guerchin; un saint guérissant des malades, d'après le Tintoret.
110. Repos en Égypte, d'après le Corrège.
111. Le buisson ardent.
112. Jésus avec les disciples d'Émaüs.
113. Un évangéliste; figure grassement peinte.
114. La reine de Saba devant Salomon.
115. Plusieurs paysages, par et d'après divers.

DESSINS PAR DIVERS.

116. Dessins par D. Volterre, Carle, Vanlo, Hallé, Jouvenet, B. Tiepolo, Jean Cousin, Michel-Ange, Carrache et autres.
117. Un album très-curieux, renfermant des croquis, pensées et dessins de Vincent.
118. Plusieurs dessins au crayon.
119. Dessins par Mandvár.
120. Fort jolis dessins à la plume, pleins d'esprit et de finesse : barques, marines, groupes, figures, par Joseph Vernet. (Cet article sera divisé.)
121. Groupe de cinq têtes à la plume, par Palma.
122. Saint Pierre faisant brûler les livres profanes : fort joli dsesin de Lesueur.
123. Dessin, d'après la sainte famille, de Raphaël, fait par Poilly pour la gravure que nous avons de lui.

USTENSILES DE PEINTURES

ET OBJETS DIVERS.

124. Un petit mannequin de jeune fille, et plusieurs petits mannequins en bois.
125. Boîtes à couleurs, chevalets, échelles, couleurs fines en bouteilles, outremer, cendre bleue, etc.
126. Costumes venant de M. Vincent, morceaux d'étoffe, manteaux.
127. Un sabre à lame de Damas, garni en argent; donné en Égypte par Bonaparte au général G***.
128. Plusieurs vases étrusques, coupes et amphores d'Herculanum.
129. Une armoire à deux venteaux en boule, avec corniche.
130. Un lot considérable de bosses, figures en plâtre, provenant en partie du moulage du Musée.

ESTAMPES

EN FEUILLES ET ENCADRÉES.

M. ADAM.

131. Louis XVI distribuant des aumônes dans un hiver rigoureux, d'ap. *M. Hersent*; ép. av. l. l.

Ange (Michel).

132. Divers fragmens du jugement dernier, gravés par *Bonasone*, *Beatricet* et *G. Mantuan* ; 15 p.

133. Autres morceaux d'après le même tableau, avec le portrait de M. Ange, etc.; 9. p.

134. Les sibylles, petites figures; les parques; Christ en croix, etc., par *Beatricet* et autres; 19 p.

135. Les prophètes et les sibylles; 10 p.

136. Les grimpeurs, pièce connue sous le nom de carton de Pise, par *Schiavonetti*.

137. Les angles, gravés par *G. Mantuan*, B., n°ˢ 17 à 22,, faisant partie des peintures à fresque de la chapelle Sixtine, bonne ép. ; 6 p.

138. Le jugement dernier, dessiné et lithographié par *M. Guillemot*; 1 v. grand in-f° cartonné.

Audouin.

139. Saint Jérôme dans le désert, d'ap. Ribera; ép. av. l. l.

Audran (Gérard).

140. Saint Pierre et saint Paul refusant de sacrifier aux idoles; Ananie frappé de mort, d'ap. *Raphaël*; 2 p.

141. Moïse recevant les ordres de Dieu auprès d'un buisson ardent; mort de saint François; Achille reconnu, d'ap. *Raphaël* et *Carrache*; 4 p.

142. La Pentecôte; martyre de saint Étienne; vierge au rosaire; martyre de saint Laurent, d'ap. *le Dominiquin*, etc.; 4 p. belles d'ép. et bien conservées.

143. La femme adultère et la peste d'Égine, d'ap. *le Poussin* et *Mignard*; 2. p.

Augustin, de Venise.

144. La Vierge et l'enfant Jésus, B., n° 51 ; belle ép.

145. Vénus, Vulcain et les amours, B., n° 349 ; belle ép., mais endommagée.

146. La manne, la nativité, les grimpeurs, bataille au coutelas, etc. ; 5 p., dont une copie.

Baquoy.

147. Fénélon pansant les blessés.

Bartoli (P.-S.).

148. Bas-reliefs, statues, d'ap. Raphaël, etc. ; 149 p. *qui seront divisées.*

Beatrizet.

149. Chute de Phaéton, B., n° 38 ; belle ép.

M. Bertonnier.

150. La sainte famille, d'ap. Raphaël, av. l. l. sur Chine.

Blomaert.

151. L'adoration des bergers : belle composition de *Raphaël*; sainte famille et sainte Marguerite, d'ap. *le Carrache*, etc. ; 3 p.

Bolswert.

152. Vierge et enfant Jésus accompagnés de saint Jean et sainte Anne ; les sacrificateurs épouvantés, d'ap. *Rubens*, très-belles ép.; 2 p.

Bonasone (Jules).

153. La Vierge assise dans un intérieur faisant la toilette à l'enfant Jésus, B., n° 5; belle ép.

154. Sainte famille; la Vierge assise dans une campagne tient l'enfant Jésus sur ses genoux, B., n° 54, très-belle ép. bien conservée.

155. Adoration des Bergers, B., n° 14, pièce capitale de ce maître, et saint Marc, n° 75; 2 p.

156. Clélie traversant le Tibre, B., n° 83; les Grecs introduisant le cheval de bois dans la ville de Troie, B., n° 85, etc.; 3 p.

157. Triomphe de l'amour dans les cieux, sur la terre et dans les eaux, B., n° 106, bonne ép.

158. Flore s'occupant à tresser une couronne au milieu de ses nymphes, B., n° 111; ép. de toute beauté.

159. Les amours des dieux, B., n°° 147, 148, 151, 152, 154, 155, 158, 159, 161 et 164 : très-belles et rares ép. av. les vers italiens et parfaitement conservées; 11 p. y compris le titre.

160. Frise avec deux enfans près d'un monstre, B., n° 350; belle ép.

Cinq pièces diverses, par *J. Bonasone* et autres.

Bourdon (Sébastien).

161. Fuite en Égypte, repos en Égypte, vierges et saintes familles; 10 p., plusieurs gravées à l'eau-forte par ce peintre.

162. Eliezer et Rebecca, retour d'Égypte, sainte famille, etc., par *Hainzelman* et autres; 5 p.

162 *bis.* Saintes familles, résurrection du Lazare, le corps mort de Jésus pleuré par les saintes femmes, etc., gravés par divers; 10 p.

163. Sujets allégoriques dans des formes rondes et octogones, gravés par *Friquet*; 14 p.

164. Paysages gravés par divers; 24 p.

BRUN (LE).

165. Le serpent d'Érain; massacre des innocens; Jésus chez le Pharisien; chute des anges rebelles; 4 grandes pièces gravées par *Audran, Poilly* et *Lair*.

166. Jésus entrant à Jérusalem, Jésus allant au Calvaire, Jésus à la Croix, etc., gravées par divers; 7 p.

167. St. Charles, belle ép., gravée par *Edelinck*.

168. Les batailles d'Alexandre, par *B. Picart* et autres; 5 p.

169. Victoire et triomphe de Constantin, deux est. en six morceaux; belles ép.

170. Victoires et conquêtes de Louis XIV, peintes par *Le Brun*, exécutées en tapisseries, et gravées par *Leclerc* et *B. Picart*; 17 p.

171. Plafonds de la chapelle et du pavillon de Sceaux; des galeries de Versailles et du Palais-Royal, gravés par *Audran* et autres; 24 p., 2 lots.

M. BOURGEOIS.

172. Vues d'Italie, gravées d'après ses dessins faits d'ap. nature; 53 p.

CABEL (Vander).

173. Suite de paysages, B., n°° 14, 15, 17, 26, 28, 30, 32 et 33, beaux d'ép.; 8. p.

CANAL.

174. Vue de Venise et représentation des fêtes données en cette ville, gravées d'ap. ses dessins faits d'ap. nature; 10 p.

CARAGLIO (J.).

175. Mariage de la Vierge, B., n° 1; martyres de saint Pierre et de saint Paul, B., n° 8, bonnes ép.; 2 p. Bataille à la lance, B., n° 59, et l'enlèvement des Sabines, B., n° 63; 2 p.

CARRACHE (Augustin).

176. Saint Jérôme, B., n° 76; saint Jérôme, B., n° 95; Mercure et les Grâces, B., n° 117; Mars et Minerve, B., n° 118; portrait du Titien, B., n° 154, belle ép. et autres pièces gravées par divers; 17 p., 4 lots.

177. Mariage de sainte Catherine; saint Jean-Baptiste, etc., d'ap. *Augustin* et *Louis Carrache*; 9 p.

CARRACHE (Louis).

178. Vierge et enfant Jésus, B., n° 3; la Vierge et saint Joseph, B., n° 4; 2 p.

CARRACHE (Annibal).

179. Jésus mort; Vierge; triomphe de Bacchus, etc., gravés par divers; 20 p.

180. Couronnement d'épines; Christ de Caprarale;

Vierge à l'équelle; Vierge au corbeau blanc; la Samaritaine; Vierge aux lunettes, etc., etc., gravées par lui-même, qui lui sont attribuées, et gravées par divers, d'ap. ce maître; 15 p., 2 lots.

181. Le Christ mort, pleuré par les saintes femmes, gravé par *Roullet*, belle ép.

182. Paysages d'ap. les *Carrache*; 22 p.

Castiglione.

183. La Nativité; la résurrection du Lazare; l'arche de Noée et sibylle, B., n°ˢ 4, 5, 6 et 7; 4 belles ép.

Cavalieris.

184. Statues antiques, très-jolie suite, belles d'ép.; 50 p.

Chatillon.

185. La Vierge au Poisson, d'ap. *Raphaël*.

Claessens.

186. La femme hydropique, d'ap. *G. Dow*.

187. Intérieur de corps-de-garde hollandais, d'après *Rembrant*, belle et rare ép. avant la l.

187 *bis*. Descente de croix, d'après *Rubens*, bel ép.

Corrège.

188. Madonna della Scala; sainte famille; Vierge et enfant Jésus; Magdeleine; mariage de sainte Catherine; Danaé, etc., gravées par divers; 23 p., 2 lots.

189. Frises et figures diverses, peintes à fresque à Parme; autres sujets peints dans le dôme de la même ville et gravés par *Vanni*, *Sixto* et autres; 23 p., 2 lots.

CORTONE (Pietro de).

190. Peintures à fresque, faites sur des plafonds, voûtes, etc., gravées par *Bloemaert* et autres; 50 p.

191. Sacrifice d'Iphigénie; triomphe de Bacchus; enlèvement des Sabines; défaite de Darius, etc.; 10 p.

DÉ (le maître au).

192. Vierge couronnée par J.-C., d'ap. *Raphael*, B., n° 8.

193. Assomption de la Vierge, B., n° 7, belle ép.

194. Histoire d'Apollon et Daphné, B., n°° 19 et 22; Apollon et Marsias, B., n° 31; 5 p.

195. Sacrifice à Priape, belle ép., B., n° 27; frises avec enfans et amours, B., n°° 29, 36 et 37, bonnes ép.; 4 p.

196. Énée sauvant son père Anchise, B., n° 72, très-belle ép.

197. Combat et triomphe de Scipion, B., n°° 73 et 74; combat naval, 78; 3 p.

DENON.

198. Sujets divers, gravés à l'eau-forte par lui-même, et son portrait; 25 p., dont 3 par *M. Claussin*.

DOMINIQUIN.

198 *bis*. Martyre de sainte Agnès; saint Jean, très-belles ép., et plusieurs sujets de l'Ancien Testament, par *G. Audran*; 6 p.

199 Sainte Cécile et autres sujets sacrés, par *Dofrey*, *Poilly* et autres; 8 p.

200 Angles et plafonds, gravés par *Dorigny*, etc.; 14 p.

DORIGNY.

201. Les cartons de *Raphaël*; 7 grandes pièces bien conservées.
202. La transfiguration, d'ap. le même, et la descente de croix, d'ap. *Daniel de Volterre*; 2 p., la dernière est encadrée.
203. Divers sujets, d'ap. *Raphaël, C. Maratte*, etc.; 13 p.

DUPLESSIS-BERTAUX.

204. Eaux-fortes avancées de divers sujets des campagnes d'Italie; 18 p.

M. DUPONT.

205. Gustave Wasa, très-belle gravure, d'ap. le tableau de M. Hersent.

DURER (Albert).

206. Divers sujets, gravés sur bois par ce savant artiste, faisant partie de la passion de J.-C. et de l'histoire de la Vierge, belle ép.; 14 p.
207. Le petit cheval blanc, n° 96, gravé sur cuivre.
208. Grande frise, représentant le triomphe d'un empereur, gravée sur bois, d'ap. *Al. Durer*, en plusieurs feuilles collées sur toile.

DYCK (Van).

209. Le grand couronnement d'épines; le portement de croix; le Christ à l'éponge; Vierge; sainte famille;

Silène ivre, etc., etc., gravés par *Balswert, P. de Jode, Van-den-Steen* et autres; 12 p.

210. Sainte Vierge; saint André; saint Joseph; sainte Cécile, etc., gravés par les *Audran, Pontius, V. Schuppen* et autres; 12 p.

211. Divers sujets gravés par *Bolswert* et autres; 5 p.

EDELINCK.

212. Louis XIV à cheval, entouré de figures allégoriques, grande et belle pièce pour une thèse.

ENEAS-VICUS.

213. Les saintes femmes pleurant le Christ, soutenu par Jean d'Arimathée, B., n° 7, belle ép.; le Christ mort, d'ap. *Raphael*, B., n° 8; 2 p.

214. Le combat des Amazones, B., n° 14; bacchanale au Silène, B., n° 32; 2 très-belles p.

215. Combat des Lapites, B., n° 30; fable de Virgile, B., n° 46; atelier de Baccio Bandinelli, B., n° 49; 3 p.

FERRELLI.

216. Entrevue du pape Léon III et de Charlemagne, d'ap. *Odevaere*, ép. av. la l.

FERRI (Ciro).

217. Divers sujets peints sur des plafonds, gravés par *Dorigny* et autres; 15 p.

FLAMEN (Albert).

218. Première partie de diverses espèces de poissons de

mer, B., n°° 1 à 12, beaux d'ép. et de conservation et grande marge; 12 p.

219. Seconde partie de diverses espèces de poissons de mer, B., n°° 13 à 24, même condition; 12 p.

220. Troisième partie des poissons de mer, B., n°° 25 à 36, même condition; 12 p.

221. Première partie de diverses espèces de poissons d'eau douce, B., n°° 37 à 48, même condition, 12 p.

222. Seconde partie de diverses espèces de poissons d'eau douce, B., n°° 49 à 60, même condition; dans cette dernière suite manquent les feuilles n°° 6 et 12; 10 p.

FONTAINEBLEAU (école de).

223. Le sauveur retirant les âmes des Lymbes, par *L. Davent*, B., n° 2, belle ép. bien conservée.

224. Par le *même*. Danaé, B., n° 40; hommes et femmes cultivant un jardin, B., n° 43; 2 p.

225. Par le *même*. Adonis poursuivant un sanglier, B., n° 48.

226. Repas d'hommes et de femmes, par *le Barbière*; Méléagre faisant présent à Atalante de la hure du sanglier de Calydon, B., n° 10, par *de Trante*; hommes et femmes pleurant auprès d'un homme étendu sur un bûcher, n° 26, par le *même*; 3 p.

227. Par les anonymes de l'école de Fontainebleau. Adoration des rois, B., n° 15; temple de la sagesse, B., n° 43; prises de Troie, n°° 44 et 45, 2 estampes très-belles, et l'incendie, n° 93; 5. p.

228.. Par les *mêmes*. Neuf sujets mythologiques et de fantaisie.

229. Plusieurs belles pièces de cette école formeront 4 lots.

Franco (Baptista).

230. Les Israélites ramassant la manne, B., n° 4, belle ép.; la statue de Dagon renversée, B., n° 6; l'annonciation et la nativité, B., n°˚ 7 et 8; l'ange sur les nues, n° 65; 5 p. en très-bon état.

M. Forster.

231. La maîtresse du Titien, ancienne ép.; portraits de Guillaume III et du duc de Wellington, superbes ép. avant la l. et sur Chine.

Gaspre (Le).

232. Paysages beaux d'ép., gravés par *Audran, Cunego, Vivares* et autres; 12 p.

Girodet.

233. Arianne et Érigone, lithographiées par M. Aubry-le-Comte, jolies ép. av. la l. et sur Chine, retouchées et signées par Girodet; 2 p.

233 bis. Histoire d'un guerrier, 4 lithographies par le même, également retouchées et signées par *Girodet*.

Glauber (J.).

234. Paysages en largeur, B., n°˚ 10, 11, 13, 14, 15, 17 et 18; le n° 15 est avant le n°   ; 7 p.

Goltzius.

235. La passion de J.-C. et l'histoire de saint Jean; 24 p.

GREEN.

236. Agrippine, Venus et Cupidon, d'ap. *B. West*; 2 p.

GUERCHIN (LE).

237. *Fac simile* de dessins de ce maître; 55 p.

GUIDO-RENI.

238. La nativité, par Poilly; Madeleine, etc.; 15 p.

HOOGE (R. de).

239. Fêtes, cérémonies; triomphe de Léopold I; combats du prince d'Orange, etc.; 21 p.

M. JAZET.

240. Jugement de la reine Catherine; les payeurs de loyers, etc.; 3 p.

JORDAENS.

241. Saint Martin guérissant un possédé, belle ép.; Jésus présenté au peuple; reniement de saint Pierre, etc., gravés par *P. de Jode* et autres; 6 p., 2 lots.

M. ISABEY.

242. Vue et description de Chambord.

LANFRANCO.

243. Gravures d'après les tableaux, plafonds et autres peintures faites par ce maître et existantes en diverses églises de Rome, au Vatican et autres palais de cette ville, par divers; 28 p.

M. LAUGIER.

244. Mort de Léandre, ép. av. la l.

Lasinio.

245. Anciennes peintures faites à fresque dans le cimetière de Pisa, très-bel exemplaire, composé de 40 grandes pièces, toutes gravées par cet artiste.

Lefèvre.

246. Les œuvres du *Titien* et de *Paul Véronèse*; 48 p.

Leonardo-da-Vinci.

247. La cène, gravée par *Rainaldi*.
248. Principes de dessins d'ap. ce grand maître; ouvrage fort intéressant; 56 p.
249. Têtes d'étude d'ap. le tableau de la cène; 13 p.

M. Lorichon.

250. *Ecce homo* d'ap. le Titien; belle ép. av. l. l.
251. Figure académique qui a remporté le grand prix au concours de gravure; autre par un autre artiste; 2 p., dont une av. l. l.

Mantegna.

252. Bacchanale à la cuve; belle ép. un peu endommagée; un morceau des triomphes, d'après ce maître; 2 p.
253. Triomphe de J. César, peint au palais du Tó, à Mantoue, en 9 pièces, que Mantegna a voulu graver lui-même, mais dont il n'a fait que trois morceaux.

Mantuan (Adam).

254. Divers sujets de la mythologie et de fantaisie désignés dans Bartsch sous les n°ˢ 7, 9, 10, 11, 12, 13, 15, 16,

25, 101, 102, 106 et 107; 15 p., plusieurs belles d'ép.; 2 lots.

Mantuan (Georges).

255. Le mariage de sainte Catherine, B., n° 11; la dispute des docteurs sur le saint sacrement, B., n° 23; les Parques, B., n° 47; le Parnasse, B., n° 64; plus, les n°ˢ 17, 22; 6 p., 2 lots.

256. Prise de la ville de Troie, B., n° 29; mort de Procris, B., n° 61, etc.; 4 p.

257. Les plafonds d'ap. *le Primatice*, B., n° 36 à 39, et B., n° 48 à 51; 8 p.

258. Cinq pièces diverses, originales de ce maître.

Mantuan (Diana).

259. Vierge assise, B., n° 17; les Archanges, B., n° 31; les noces de Psyché en trois morceaux, B., n° 40, etc.; 8 p.

Marc-Antoine.

260. Vierge au Poisson, B., n° 54.

261. Sainte famille, B., n° 60; belle ép. d'une pièce rare.

262. La Vierge au berceau, B., n° 63; bonne ép. doublée.

263. Galatée sur les eaux, B., n° 35; belle ép. collée et un peu fatiguée.

264. La vieille allant à la fosse, B., n° 456; pièce rare, un peu fatiguée.

265. Histoire de Psyché en trente-deux sujets, par Marc-Antoine et ses élèves. Manquent les n°ˢ 3, 6, 13 et 18; les n°ˢ 29 et 32 sont doubles; 28 p.

266. La petite vendange, très belle d'ép.; la Danse des Amours, deux planches différentes; Alexandre faisant serrer les livres d'Homère; triomphe de Trajan; martyre de saint Laurent; Bacchanale au silence, etc.; 11 pièces d'après M. Antoine, qui seront divisées.

Mabatte (Carle).

267. Compositions de sujets sacrés, gravés par divers; 14 p.

M. Martinet.

268. Grand prix de gravure, av. l. l. et sur Chine.

M. Massard.

269. Portrait de Louis XVIII assis sur son trône et couvert du manteau royal, d'ap. *M. Gérard.*

270. Sainte Cécile, d'ap. *Raphaël*, ancienne et belle ép.

271. Mort de Sophire; saint Paul faisant brûler les livres profanes, d'ap. *le Poussin* et *le Sueur*; 2 p. av. l. l. pour le grand Musée.

272. Danse des Muses, d'ap. *J. Romain*, ép. av. l. l.

273. Eau-forte de l'Hypocrate, d'ap. Girodet.

274. Homère, d'ap. M. Gérard, belle ép. sur Chine.

275. Portrait du duc de Feltre, ép. av. l. l.

Mellan.

276. Sujets pieux et statues; 28 p.

Mignard.

277. Plafonds de Versailles et d'autres palais, gravés par *G. Audran*; 9 p.

MILLET (Francisque).

278. Paysages de forme ronde, B., n°° 1 à 6, belles ép.; 6 p.
279. Suite de paysages d'égale grandeur, B., n°° 7 à 13, belles ép.; 7 p.
280. Suite de paysages, B., n°° 14, 16 à 22, belles ép.; 8 p.
281. Paysages en hauteur, B., n°° 23 à 25; paysages en largeur, B. n°° 27 et 28; 4 belles p.

MORGHEN.

282. Les nymphes de Diane s'exerçant au tir de l'arc, d'ap. *le Dominiquin.*

NÈVE (de).

283. Paysages avec figures; 5 p.

NORBELIN.

284. Saint Jean prêchant dans le désert, grande pièce à l'eau-forte, d'ap. *Rembrandt.*

ORTMAN.

285. Portraits divers, d'ap. *Rembrandt* et *G. Dow*, très-jolie suite av. l. l.; 9 p., quelques-unes sur Chine.

PIRANESI.

286. Candélabres, vases, armes, monumens, piédestaux de colonne, etc., gravés d'ap. les antiquités de Rome; 76 p. qui seront divisées.

POILLY.

287. Repos en Égypte, d'ap. *le Bourdon*, ép. av. toutes lettres.

288. Sainte famille, d'ap. *le Poussin*, belle ép.
289. Sainte famille au Mouton, d'ap. *le Bourdon*, belle épreuve.

Pontius.

290. Saint Sébastien et l'adoration des rois, d'ap. *Seghers;* 2 p. belles d'ép.
291. Massacre des Innocens, d'ap. *Raphael*, grande est. en deux morceaux.

Pfenner.

292. Faits historiques des illustres personnages de la maison Farnèse, figures allégoriques, etc., qui ont été peints dans le palais de Caprarola, par les frères *Zuccari;* 56 p. gravées à l'eau-forte, texte et tables des sujets.

Polidoro-di-Caravajo.

293. Nativité; sujets historiques des enfans de Niobé, etc., gravés par *Cherubin-Albert, Saenredam* et *Sadeler;* 14 p.
294. Frises représentant des sujets de l'histoire romaine, bas-reliefs et statues gravés par *Goltzius* et *Galestruzzi;* 48 p., 2 lots.

Poussin.

295. Le baptême de saint Jean-Baptiste, gravé par *G. Audran.*
296. Pyrrhus sauvé et Coriolan fléchi par sa mère, *par le même;* 2 grandes est. en quatre morceaux.
297. L'empire de Flore; Renaud et Armide, et la mort de Narcis, *par le même;* 3 p. belles d'ép.

298. Les travaux d'Hercule, *par le même*; 10 feuilles, plusieurs sujets sur chaque feuille.

299. Le Temps enlevant la Vérité, et Galatée sur les eaux, par *Pesne* et *G. Audran*; 2 p.

300. Sujets du Nouveau-Testament, gravés par les *Audran*, *Edelinck*, *Natalis* et autres; 12 p.

301. Les grands paysages, gravés par *Baudet*, en bon état; 8 p.

302. Moïse sauvé; Rebecca et Eliezer; le veau d'or; bergers d'Arcadie; 5 grandes pièces, par *Baudet*, *Rousselet*, *Mariette* et *Ravenet*.

303. Les sacremens, gravés à l'eau-forte et publiés par Dughet; 7 p.

304. Paysages divers, dont le Déluge, etc., gravés par *J. Audran* et autres; 12 p.

305. Enlèvement des Sabines, ép. av. l. l., par *M. Laurent*.

306. Mort de Saphire; sainte famille entourée d'anges, gravées par *Pesne*; 2 belles p.

307. Assomption de la Vierge; ravissement de saint Paul; sainte Vierge; baptême de J.-C., etc., gravés *par le même*; 5 p., bonnes ép.

308. Le testament d'Eudamidas, *par le même*; ancienne ép.

309. Esther devant Assuérus, *par le même*, ancienne et belle ép. d'une est. capitale.

310. Les grands sacremens, gravés *par le même*; savoir: le baptême, l'eucharistie, le mariage et l'extrême-onction; 4 p.

312. La passion de J.-C., gravée par *Claudia Stella*, en 14 feuilles enfermées en un volume in-f°.

313. Frappement du Rocher; St. Pierre et St. Paul à la porte du temple; le grand Calvaire et la sainte famille; 5 p. gravées *par la même*.

314. Remus et Romulus trouvés près de la louve, par *Antonia Stella*; superbe et rare ép. provenant du cabinet Denon.

315. Les travaux de la campagne dans chaque mois de l'année, par *C. Stella*; 15 p.

316. Moïse exposé; Moïse sauvé; sainte famille; adoration des bergers, etc.; 5 grandes pièces gravées par divers artistes; belle d'ép. et en bonne conservation.

317. Massacre des Innocens, par *Folo*; repos en Égypte, par Bartolozzi; Mercure et Argus, par Valpato, etc.; 4 belles est.

318. Sujets de l'Ancien et du Nouveau Testament, par divers; 9 p.

319. Vierges, saints et saintes, par divers 10 p.

320. Les Israëlites sauvés; frappement du rocher; la manne et autres sujets de l'Ancien Testament; 9 p.

321. Plusieurs sujets de l'histoire grecque et romaine et de la mythologie; 10 p.

322. Naissance de Bacchus; le Parnasse et autres sujets de la mythologie; 12 p.

323. Divers sujets mythologiques, par Bloemaert Mellan, etc.; 12 p.

324. Paysages divers, gravés par Pillement, Fabre et autres; 12 p.

Raphael d'Urbin.

325. Histoire de l'Ancien Testament, peinte à fresque dans les loges du Vatican et gravée à l'eau-forte, par *Badalochi* et *Lanfranchi*; 47 p.

326. Les mêmes ouvrages gravés par *Chaperon*, en 52 p.

327. Adoration des mages; la cène; Eliodor chassé du temple; le Parnasse, etc., gravés par P. S. Bartoli et autres; 12 p.

328. La transfiguration; massacre des Innocens; les cinq saints, etc., par *Massard*, *Chereau* et autres; 5 p.

329. Vierge à la chaise, saints, saintes, Anne d'Aragon, et autres sujets faisant partie du cabinet du roi.

330. Seize estampes diverses.

331. Estampes gravées d'après les cartons de Raphaël et d'autres de ses compositions; 26 p.

332. Divinités païennes et figures allégoriques peintes à fresque par Raphaël au Vatican; 25 p.

333. Ornemens peints sur les stucs au Vatican, et gravés par *Valpato* et *Ottaviani*; 4 p.

334. Bataille de Constantin contre Maxance; est. en quatre morceaux, par Rossi; noces de Psyché; assemblée des dieux; l'incendie du bourg, et autres compositions gravées par *C. Cort* et autres anciens graveurs; 13 p.

335. Suite de génies et d'amours, gravés par G. Audran; 12 p.

336. Diverses compositions gravées par *B. Picart*, d'ap. les dessins de *Raphaël*; 20 p.

337. Dix pièces diverses d'ap. Raphaël-Mengs et autres.

RAVENNE (Silvestre de).

338. Massacre des Innocens, d'ap. Baccio Bandinelli, B., n° 2.

339. Les squelettes, B., n° 425 et autres; 4 p.

M. ROGER.

340. Vierge et enfant Jésus dans une forme ronde, d'ap. L. Carrache; ép. av. l. l.

ROMAIN (Jules).

341. Bacchanale, frises et autres compositions gravées par divers; 7 p.

342. Sujets mythologiques d'ap. des peintures faites sur des plafonds; 20 p.

RUBENS.

343. La pêche miraculeuse; sainte famille; adoration des Mages; *Ecce homo*; 4 p., par *Bolswert*.

344. Visitation; Nativité; martyres; Thomiris, etc., gravés par *Suyder Hoef*, *P. de Jode* et autres; 8 p.

345. Adoration des rois; S. Nicolas, très-belles ép.; et la sainte famille, gravés par *Wildoeck*; 3 p.

346. Portement de croix; assomption de la Vierge et S. Roch, par *Pontius*; 3 p.

347. Suzanne au bain; le denier de César; assomption de la Vierge; le coup de lance, gravés par divers; 5 p.

348. Descente de croix; les pères de l'église, etc., par *C. Galle*, *Senyers* et *Waumans*; 3 p.

349. La cène de Léonardo-da Vinci, gravée d'ap. un dessin de *Rubens*.
350. Les triomphes de la religion, de la vérité, etc., gravés par *Lauvers* et autres; 4 p.
351. Dispute des docteurs de la foi; le Calvaire, et la défaite des Amazones; 3 est. en 7 morceaux; sainte famille; Sénèque; enlèvement des Sabines, etc.; 10 p.
352. S. Ignace de Loyola; S. François-Xavier faisant des miracles; résurrection du Lazare, et assomption de la Vierge; par *Marinus Van Cassel* et autres; 6 p.
353. Chute des anges rebelles; jugement dernier; par *Van Orley* et autres; 3 p.
354. Plusieurs pièces de la galerie du Luxembourg; 6 p.
355. Neptune et Thétis, ép. av. l. l.; et la mort de Manlius, par Schmuzer et A. Bartsch; 2 p.
356. Vénus et Adonis, et chasses, par *Suyder Hoef, P. de Leuw* et *Tassaert*; 3 p.
357. Bacchanale au Silène, 1re ép. avant l'adresse de With; Silène ivre soutenu par un nègre et un satyre; et la naissance de Proxitelle, par *Soutman* et *Sompel*, belles ép.; 3 p.
358. Chasses, bacchanales, etc.; 12 p.
359. Chasses aux loups et autres animaux sauvages; par Balswert et P. de Leuw; 4 p.
360. Divers sujets gravés par *Tanjé, Tardieu, Thomassin* et autres; 9 p.

ROULLET.

361. La Vierge au raisin, d'ap. *Mignard*, ép. av. la retouche, avec la dédicace à madame de Maintenon.

Santo. (Andrea del).

362. Vie de S. J.-B. et autres sujets peints à fresque dans la ville de Florence, et gravés par Checci et autres; 14 p.

Schuppen (Van).

363. Sainte famille au pigeon, d'ap. *le Bourdon*, bonne épreuve.

Strange.

364. Charles Ier suivi de son écuyer, d'ap. *Van Dick*. Charles Ier et sa famille, d'ap. le même; 2 est. belles d'ép.; la première un peu endommagée.

Sueur (Le).

365. Le martyre de S. Protais, superbe ép.; et la maladie d'Alexandre, par *Gérard* et *Benoit Audran*; 2 p.

366. Vie de S. Bruno en 24 tableaux gravés par *Chauveau*.

367. S. Protais et S. Gervais refusant de sacrifier aux idoles, gravés par Baquoy; très-belle ép.

368. Sujets de l'histoire sacrée et profane, gravés par divers; 12 p.

369. Sujets sacrés, par divers; 10 p.

Suyder Hoef

370. Jugement dernier, d'ap. *Rubens*; belle ép.

371.* Paix de Munster, d'ap. *Burck*, ancienne ép. bien conservée.

M. Tardieu.

371 bis. La communion de S. Jérôme; ép. très-belle av. l.l.

Tempesta.

372. Combats; sujets historiques; guerres d'Alexandre; faits relatifs aux Hébreux, etc.; 300 p. belles d'ép. gravées à l'eau-forte par ce maître, et un grand nombre de petites études d'animaux; le tout soigneusement collé dans un gros volume de papier blanc, grand in-f°.

373. Vignettes pour l'Ancien et Nouveau Testament, les vierges et martyres, saints et saintes; vignettes pour les métamorphoses d'Ovide; combat, chasses et caricatures, en grande partie belles ép.; 540 p. gravées à l'eau-forte et contenues dans un vol. oblong.

Testa (P.).

374. Divers sujets religieux, historiques et allégoriques, gravés à l'eau-forte par ce maître; 21 p.

Tiepolo.

375. Diverses eaux-fortes, par cet artiste, d'une parfaite conservation; 24 p.

Titien.

376. Diverses compositions de ce grand maître, gravées sur bois par des anciens graveurs; 5 p.

377. Grande frise en plusieurs morceaux, représentant Moïse montrant les Tables de la loi aux Israélites assemblés au pied du mont Sinaï; 6 morceaux gravés sur bois.

Vernet (Joseph).

378. Paysages et marines gravés par Aliamet Le Bas, etc.; 9 p.

Vernet (M. Carle).

379. Chevaux de course, de chasse, et choc de cavalerie, lithographiés par cet artiste; 25 p.
380. Études de chevaux d'ap. *M. Vernet* et autres; 28 p.

Véronèse (Paul).

381. Cinq grandes pièces gravées d'ap. les compositions de ce grand maître.

Valpato.

382. Le Parnasse, l'école d'Athènes, et la dispute des docteurs sur le saint sacrement, d'ap. *Raphaël*; 3 p., anciennes d'ép.

Vorsterman (Lucas).

383. Adoration des bergers, fuite en Égypte; descente de croix, etc., belles ép.; 4 p.
384. Jésus au jardin des Oliviers et saint François, belles ép.; 2 p.

Waterloo.

385. Suite de paysages en largeur, numérotés au bas de la droite, 1 à 6. Autre suite d'égale grandeur, numérotés au bas de la gauche, 1 à 6; 12 p.
386. Paysages en hauteur, où l'on voit Vénus et Adonis, le petit bossu, etc.; 8 p.

Wille.

387. L'instruction paternelle; ép. bien conservée.

Par divers.

388. Anciennes gravures italiennes; 14 p.

Idem. par *Cavalieris Suavius*, etc.; 8 p.

388. Les apôtres et figures diverses, par *Suavius* et autres; 22 p.

390. Camayeux à plusieurs planches et autres gravures sur bois de l'école italienne ancienne; 11 p., 2 lots.

391. Eaux-fortes anciennes de l'école italienne; 26 p., 2 lots.

392. Convoi funèbre du prince Maurice de Nassau, parfaitement gravé dans le genre de Suyder Hoef; grande frise où sont inscrits les noms des personnages qui y ont assisté; pièce très-intéressante, surtout par les costumes du temps; 20 p.

393. Vue du Pont-Neuf à Paris, et une vue de Rome, par *La Bella* et *Silvestre*; 2 p.

394. Anciennes gravures avec des monogrammes et autres; 15 p.

395. Pièces diverses, d'ap. M. Antoine, descente de croix; les cinq saints; la sainte cène; martyre de sainte Félicité; les apôtres, etc.; 22 p.

396. Massacre des Innocens; la petite peste; l'enlèvement d'Hélène; jugement de Pâris, etc., par *M. Antoine Silvestre de Ravenne*, originales et copies; 5 p.

397. Sujets sacrés et profanes, et autres; par *F. Bleau*, suite curieuse et rare; 8 p.

398 *Fac-simile* de dessins des grands peintres d'Italie, en grande partie d'ap. *le Parmesan* et *L. de Vinci*; 120 p.

399. Pièces de divers cabinets, *fac-simile* de dessins, etc.; 45 p. de l'école italienne.

400. Sujets divers gravés d'après les peintres italiens ; 50 p.

401. Seize pièces d'ap. *Fra Bartolomeo*, *Balestra* et *Schidone*.

402. Douze pièces d'ap. *Barbieri S. del Piombo* et autres.

403. Quinze pièces d'ap. *Le Barroche*, *Parmesan* et autres.

404. Dix-sept pièces d'ap. *A. Mantegna A. del Sarto* et *L. da Vinci*.

405. Douze pièces d'ap. *le Titien*, *Tintoret* et autres ; 12 p.

406. Anciennes peintures sur stucs, gravées par *Canpanella* et *Vitali* ; 6 p.

407. Peintures à fresque, faites dans les salles du grand conseil de Venise, par les plus fameux peintres de cette ville et par Paul Véronèse, gravées par divers graveurs ; 16 feuilles.

408. Quatorze pièces d'ap. *Rubens*, *Rembrandt* et autres.

409. Martyre d'une sainte qu'on jette dans le taureau d'érain ; par *Woeriot*, superbe ép. et une pièce d'ap. *Jules Romain*, par *Hallar*, très-belle ; 2 p.

410. Sujets religieux, d'ap. des peintures de l'école française ; 50 p., 2 lots.

411. La fuite en Égypte, d'ap. *le Guide*, par Poilly ; belle ép. et autres sujets au burin et à l'eau-forte ; 7 p.

412. Figures pour la Bible, gravées finement dans le

genre des petits maîtres allemands; 100 vignettes attachées sur 26 feuilles.

413. Dix-neuf pièces, par *Aldegrawer, G. Pentz* et *Stephanus.*

414. La vie de N. S. J.-C. en 80 tableaux.

415. Vases et ornemens, par *Eneas-Vicas le Pautre*, etc.; 23 p.

416. Cinquante pièces diverses, ornemens et autres; figures, instrumens et ustensiles antiques, plusieurs gravés à l'eau forte, par *Fragonard*; 28 p.

417. Camées antiques et statues antiques; 44 p.

418. Portraits et bustes gravés d'ap. l'antique, par des anciens graveurs italiens; 100 p., 2 lots.

419. Portraits d'empereurs et d'impératrices, par les Sadeler et autres; 20 p.

420. Portraits, d'ap. *le Titien, Tintoret, Palma Giorgione*, etc., et gravés par *Warsterman*; 40 p.
  Idem par *Mellan* et *Morin*; 6 p.

421. Idem par *Edelinck*, beaux d'ép., dont celui de Le Brun; 5 p.

422. Deux beaux portraits, par Nanteuil, dont celui de Poncet avec grande marge.

423. Vingt-quatre portraits d'ap. *le Titien, Raphael* et autres, gravés par *Balechou, Poilly* et *V. Schuppen.*

424. Vingt-trois portraits gravés par les *Van-Gunst, Ponthies*, etc., d'ap. *V. Dyck.*

425. Portraits et anagrammes sur Napoléon et Marie-Louise, etc.; 5 p.

426. Portraits de personnages contemporains, Napoléon, Alexandre Ier, Canova, Châteaubriand, par *Laugier*, etc.; 10 p.

427. Portraits gravés par *Potrelle*, *Tardieu* et autres; 10 p.

428. Mlle Mars, Mlle Georges, etc., par M. Grevedon et autres; 3 p., belles ép.

429. Portraits de Girodet, lord Byron, Charlet, etc.; 5 p.

430. Portraits de peintres anciens, lithographiés par *Mauzaisse*, *Maurin*, *Villeneuve* et autres; 14 p.

431. Recueil de vues et monumens antiques de Rome; 4 cahiers contenant 24 p.

432. Paysages et vues diverses, d'ap. nature; 24 p.

433. Paysages d'ap. le Titien, les Carrache et autres; 28 p.

434. Paysages et animaux d'ap. Berghem, Dietrick, la Hyre et autres; 13 p.

435. Études de paysages, dessinées et gravées par Baltard; 3 cahiers.

436. Vues de Londres et des palais Doria, Caprarola et autres; 11 p.

437. Vues de monumens, portraits et sujets divers faisant partie des voyages d'Égypte et du Levant, plusieurs av. l. l.; 23 p.

438. Fragmens d'architecture et autres sujets faisant partie du voyage romantique de l'ancienne France, lithographiés par M. Fragonard; 6 p.

439. Paysages et animaux, par M. de By: Perelle et autres; 23 p.

440. Vingt pièces de la galerie de Florence et autres; plusieurs av. l. l.

441. Quatorze pièces av. l. l., en grande partie sur Chine, et provenant de la galerie Filhol.

442. Dix-huit pièces, en grande partie de la galerie du Palais-Royal.

443. Diverses est. av. l. l. faisant partie du Musée Napoléon, etc., gravées par MM. Claessens, Duclos, Godefroy, etc.; 8 p.

444. Cinq pièces av. l. l., dont deux sur Chine et une eau-forte pure, faisant partie des prix décennaux.

445. Vignettes pour le Virgile, le Racine et autres ouvrages; ép. à l'eau-forte et terminées av. l. l.

446. Vignettes anglaises et françaises: autres petits sujets avec et av. l. l.; 17 p.

447. Sujets historiques, politiques et allégoriques, français, anglais et italiens; 20 p.

448. Divers sujets de l'histoire d'Angleterre, gravés par *Cardon*, *Smith*, *Worlidje*, etc.; 4 p.

449. Cinquante-six pièces diverses, dont quelques sujets relatifs aux Israélites.

450. Fêtes flamandes, marché aux chevaux et chasses, d'ap. *Wouvermans*, *Snyders*, etc.; 10 p.

451. Têtes d'étude, d'ap. la composition du Parnasse, peintes par *Raphael*; 14 p.

452. Un cahier de têtes d'étude, d'ap. *S. del Piombo*.

453. Têtes et autres, d'ap. *Raphael*; 14 p.

454. Études de têtes, en grande partie d'ap. *Raphael*, gravées par *Duchange*, etc.

455. Tête d'étude, dont la Vierge à la chaise et la maîtresse du Titien, etc.; 8 p.

456. *Idem* d'ap. *le Dominiquin* et autres; 20 p.

457. Études de dessin d'ap. les plus grands maîtres; 10 p.

458. Têtes d'étude d'ap. *David* et *M. Guérin*; 6 p.

459. Collection des têtes tirées du tableau de l'Ossian, par *Girodet*, et lithographiées sous sa direction; par *M. Aubry-le-Comte*.

460. Têtes d'étude d'ap. *Girodet*, retouchées et signées par ce maître, lithographiées par *le même*; 6 p.

461. Têtes d'étude gravées d'ap. *Girodet*; 6. p.

462. Têtes d'étude de la Corine, du Bélisaire, de Psyché et de l'amour, gravées d'ap. *M. Gérard*.

463. Têtes d'étude gravées d'après les dessins de *M. Meynier*, faits à Rome d'ap. les tableaux de *Raphael*; 12 p.

464. Figures académiques dessinées d'ap. l'antique, par *M. Meynier* et autres, et gravées par divers; 15 p.

465. Figures académiques, d'ap. *Canova*, MM. Gérard, Fragonard, etc.; 13 p.

466. Figures académiques gravées d'ap. *David* et *Girodet*; 16 p.

467. Petites têtes lithographiées, d'ap. Girodet et autres; 12 p.

468. Douze pièces diverses, dont Mercure endormant Argus.

469. Études de chevaux, croquis, etc., par *Gericault* et *Adam*; 23 p., dont le portrait de Gericault.

470. Lithographies diverses, par MM. *H. Vernet* et *Charlet*, anciennes impressions de Delpech; autre par Fragonard; 18 p.

471. Sujets sacrés et profanes, lithographiés d'ap. *Raphael* et *Girodet*; 16 p.

472. Vierge; serment des sept chefs; muse romantique; mort de Ney, d'ap. *Girodet*, *C. Maratte*, *Tiennon* et autres; 8 p.

473. Diverses estampes encadrées, dont Samuel Bernard, par Edelinck; lo Spasimo de Cécile, etc., etc. Cet article formera plusieurs lots, et toutes les estampes qui seraient omises au catalogue, seront vendues sous ce numéro.

BIBLIOTHÈQUE.

RECUEILS D'ESTAMPES,

LIVRES

D'ART, DE SCIENCE ET DE LITTÉRATURE.

474. Figures des histoires de la sainte Bible avec des discours tirés de l'Ancien et du Nouveau Testament. Paris, 1724, 1 vol., v. f.

475. La sainte Bible contenant l'Ancien et le Nouveau Testament, traduite en français sur la Vulgate, par Le Maistre de Sacy; 1 v. p. in-f°, v. m.

476. Thesaurus sacrum historiarum veteris testamenti,

etc., contenant 440 figures gravées par les *Sadeler*, d'ap. *Martin de Vos*; 1 vol. gr. in-4°, d.-r.

477. Sujets les plus remarquables de l'Ancien et du Nouveau Testament, par *J. Luyken*; 1 v. in-f°, v. m.

478. Figures qui représentent les événemens les plus remarquables de l'Ancien et du Nouveau Testament, gravées par divers graveurs; 1 vol. p. in-f°, v. m.

479. Vie de J.-C., figures par *de Vos*, gravées par *Collaert*, *C. Galle*, etc., 1 v. g. in-4°, v. f., et la vie de Samson, gravée par *Verdière*, en 38 sujets; 1 v. in-4° oblong.

480. Vies de saint Thomas et des pères du désert, figures gravées par Bolswert et autres; 2 v. in-4°.

481. Les œuvres de miséricorde de *S. Bourdon*, et les sept sacremens, par *N. Poussin*, gravés par *B.* et *L. Audran*; 1 v. in-f° oblong.

482. Les martyrs ou le triomphe de la religion chrétienne, par Châteaubriand; 3° édition. Paris, 1810, 3 v. in-8°, v. m. d.

483. Ancien volume oblong in-4°, contenant grand nombre de sujets emblématiques, allégoriques et historiques, gravés sur bois par *Cranach* et ses élèves; recueil très-intéressant, publié à Francfort en 1620.

484. Scola-Italica ou recueil de 40 gravures exécutées par les *Cunego*, *Volpato* et autres, d'ap. les meilleurs peintres italiens; très-bel ex. Rome, 1773, 2 vol. gr. in-f° cart.

485. Galerie Giustiniani, gravée par *Mathan*, *Natalis*

et autres : seconde partie contenant 177 planches en 3 v. in-f°, v. rouge, dent tr. dorée.

486. Peintures de *Domenico Zampieri*, gravées par *Pazzi*; 28 p., 1 v. in-f° cart.

487. Galerie Farnèse, peinte par *An. Carrache*, et gravée par Aquila, etc., en 31 pl.; 1 v. in-f° cart.

488. Peintures à fresque d'*An. Carrache*, dans le monastère de Saint-Michel à Bologne, et gravées par *Giovannini*; 1 v. in-f°.

489. Douze planches d'ap. les peintures d'*An. Carrache*, faites dans la Farnesine; 1 v. in-f°.

490. Frise peinte par *J. Romain* dans le palais du Té, gravée par *A. Stella*, et les statues et bas-reliefs tirés des monumens gravés par *F. Perrier*; 74 p. reliées en 1 v. in-f° oblong.

491. Les petites figures, d'ap. *M. Ange*, divers bas reliefs et figures antiques gravées par les Ad. Ghisi, Eneas-Vicus et S. de Ravenne; 1 v. in-4° oblong.

492. Peinture du salon impérial du palais de Florence, en 26 planches, gravées par *Gregori* et autres; 1 v. gr. in-f°.

493. Suite d'estampes gravées d'ap. les meilleurs tableaux du palais Pitti à Florence; 150 p., 1 v. gr. in-f°.

494. Actions des hommes illustres florentins, peintes sur les voûtes et plafonds de la galerie impériale de Florence, et gravées par An. Pazzi; 1 v. gr. in-f° oblong, v. m.

495. Museum Florentinum, 1er et 2e vol. in-f° v. m.

496. Recueil de 80 estampes d'ap. un choix de tableaux de la galerie de M. L. Marquis Gerini, à Florence.

497. Estampes gravées par *Cunego*, B. *Leonetti*, etc., d'ap. les peintures du dôme d'Orvietto; plan, élévation, vues intérieure et extérieure de ce monument; 1 v. in f°.

498. Le grand théâtre de Venise, ou estampes d'ap. les principales peintures qui se trouvent en cette ville; 122 p., 1 v. in-f°, v. m.

499. Recueil des gravures faites d'ap. les peintures de Fontainebleau; 1 v. in-f° oblong.

500. Recueil d'estampes d'ap. les tableaux des peintres les plus célèbres d'Italie, des Pays-Bas et de France, qui composaient le cabinet de M. Boyer d'Anguilles.

501. Tableaux des galeries de l'église des jésuites d'Anvers, peints par *Rubens*, et gravés par *J. Punt*; 36 p. Amsterdam, 1751, 1 v. in-f° oblong cart.

502. Recueil de 283 estampes gravées à l'eau-forte par les plus habiles peintres du temps, d'ap. les dessins des grands maîtres, que possédait M. Jabach : ouvrage connu sous le titre de cabinet Jabach, très-bel ex.; 1 v. in-f° oblong, v. m.

503. Le grand cabinet des tableaux de l'archiduc Léopold, dessinés par *Teniers*, et gravés par *L. Vorsterman*, *Van Kessel*, *V. Stéen*, Hollar et autres; 1 v. p. in-f°, v. fil.

504. La grande galerie de Versailles et les deux salons qui l'accompagnent, peints par *Le Brun*, dessinés par *Massé*, gravés par Wille; 1 v. gr. in f° cart.

505. Suite des batailles de Louis XIV, peintes par *Vander-Meule*, et gravées par Bauduins, Simoneau, etc.,

avec quelques paysages, études de chevaux et le portrait du peintre; 42 p. en 1 v. gr. in-f°.

506. Galerie du Louvre; liv. 1 et 2.

507. Recueil des meilleurs dessins de *M. de Lafage*, gravés par *G. Audran, Vermeulen*, etc., 1 v. in-f°, v. fil.

508. Œuvre de *Salvator Rosa*, gravée à l'eau-forte par ce maître; 1 v. in-f° cart.

509. Œuvre de *G. Lairesse*, gravée à l'eau-forte par lui-même et *Glauber*; 160 p. en 1 v. in-f°, d.-r.

510. Œuvres choisies de *S. Leclerc*, suite de 227 sujets paysages, vues, costumes, etc.; 1 v. p. in-f°, d.-r.

511. Principes de dessin, par *Leclerc*; 1 v. in-8°, d.-r.

512. Principes de dessin, par différens maîtres; 1 v. in-4° br.

513. Impostures innocentes, ou recueil de *fac-simile* des dessins des plus grands maîtres, gravées par *B. Picart*; 1 v. in-f°.

514. Un vol. in-4° oblong, contenant 1° la vie de J.-C., gravée par *Parrocel*; 2° les ornemens de *Ruppert*, orfèvre de Metz, et son portrait; 3° les statues Thermes, etc., pour embellir les jardins et maisons, inventées et gravées par *Le Pautre*; 4° vues de jardins, palais et châteaux de France, par *Silvestre*; 5° vues de monumens romains, par les *Sadeler*; 134 p.

515. Monumens de sculpture, anciens et modernes, publiés par Vauthier et Lacour; 12 liv., 72 p. ouvrage complet.

516. Palais et maisons de Rome, par *MM. Percier* et *Fontaine;* bel ex. en feuilles et complet.

517. Ornemens intérieurs, par *les mêmes*, ancien exemplaire; manquent les liv. 11 et 12.

518. Vues des portes, murs et monumens de la ville de Rome, gravés par *Vasi;* 1 v. p. in-f° oblong.

519. Recueil de diverses vues prises sur le grand canal de Venise, peintes par *Canal*, et gravées à l'eau-forte par *Visentini;* 1 v. in-f° cart.

520. Recueil de 400 paysages, gravés par *Perelle*, beaux d'ép.; 1 v. g. in-4°.

521. Autre recueil de 57 paysages, par *le même;* 1 v. p. in-f° oblong.

522. Vues diverses d'Italie, par *le même*, belles ép.; 1 v. in-4° oblong.

523. Paysages et marines d'ap. *C. Le Lorrain* et *N. Poussin*, gravés par *Vivares, Vood* et autres; 50 p., belles ép., publiées à Londres en 1801; 1 v. in-f° cart.

524. Soixante sujets grecs et romains, gravés au trait et contenus dans 1 v. in-f° oblong.

525. L'Illiade et l'Odyssée d'Homère, les tragédies d'Eschille et l'OEuvre des Jours, d'après Flaxman, gravés au trait par divers; les 3 premiers cahiers reliés en 1 vol. oblong, le 4° en feuilles.

526. La divina comedia di Dante, l'inferno il Pourgatorio ed 'il paradiso; 109 sujets gravés au trait par Piroli, d'ap. *Flaxman;* 1 v. in-4° oblong.

527. Le chevalier de Rhodes, 16 sujets dessinés au trait sur pierre lithographique; un cahier.

528. Trois brochures contenant des sujets, vases et autres, par les *Gcay*, *V. Orley*, etc.

529. Belles statues grecques et romaines. Venise, 1740, 2 v. in-f°, couverts en parchemin.

530. Les statues antiques, gravées par *Perrier*; 100 p., 1 v. p. in-f° cart.

531. Recueil de statues anciennes et modernes, publiées par Rossi; 163 p. et texte, 1 v. in-f°, d.-r.

532. Serie di trecento tavole in rame rappresentanti pitture di vasi Etrusci, t. III; 1 v. p. in-f°. Vases étrusques; 1 v. p. in-f°, d.-r.

533. Recueil de vases antiques du cabinet Hamilton; 60 p., 1 v. in-f° cart.

534. Les peintures antiques d'Herculanum, avec texte. Naples, 1757-1770, 8 v. in-f°, d.-r.

535. Un volume in-f° oblong contenant des eaux-fortes de *P. Testa*, des vases et bas-reliefs, par *P. S. Bartoli* et autres.

536. Le Lucerne Antiche, 1re et 2e partie, belles ép.; 1 v. in-4°, d.-r.

537. Épitome du trésor des antiquités ou vrais portraits des médailles des empereurs de l'Orient. Lyon, 1553, 2 v. in-4°, v. f.

538. Gemme antiche figurate. Date in luce da *D. de Rossi* colle Sposizioni di P. A. Maffei, avec figures. Rome, 1707, 4 v. in-4°, v. m.

539. Romanorum Museum sive Thesaurus Euridite Antiquitatis, par *de La Chausse*. Rome, 1746, 2 t. en 1 v. p. in-f°, v. m. filets.

540. Dictionnaire des antiquités grecques et romaines, par *M. Furgault*. Paris, 1768, 1 v. in-12, v. f.

541. Pierres gravées antiques, 60 planches gravées par *B. Picart*, avec texte; 1 v. in-f°, v. f. fil.

542. Description des antiquités du Musée royal, par feu M. le chevalier de *Visconti*, continuée par M. le comte de *Clarac*. Paris, 1820, 1 v. in-8° br.

543. Collection de portraits, d'ap. *V. Dyck*, parmi lesquels se trouvent tous ceux gravés à l'eau-forte par ce grand-maître; bel exemplaire, 1 v. p. in-f°.

544. Icones vitæ et elogia imperatorum Romanorum, figures en camayeux.

545. Iconografia de' famosi monarchi, regi filosofi, Paeti, etc., 114 portraits et texte. Roma, 1769, 1 v. in-4°, v. f.

546. Croquis de portraits des personnages remarquables dans tous les genres, dessinés et gravés par M. Fremy, d'ap. les tableaux exposés aux différens salons. Paris, 1815, 2 v. p. in-8°, d.-r.

547. Académie des sciences et des arts avec les portraits, par J. Bullart; texte et portraits, 2 v. in-8°, v. f.

548. Germains illustres, un cahier; iconographie de l'Institut de France, par M. Boilly; 8 liv. n° 1 à 8.

549. Le costume des peuples de l'antiquité, prouvé par les monumens, par *A. Lens*, peintre; 57 p. Dresde, 1785.

550. Costumes anciens des femmes de diverses contrées de l'Europe. Francfort, 1586.

551. Nuova racolta di costumi civili o militari incisi da *Pronti*, 44 planches dans un cahier oblong.

552. De' veri ritratti de gl' Abiti di tutte le parti del mondo tagliati in rame; 52 p. Rome, 1585, 1 v. p. in-fol. car.

553. Emblêmes et costumes des personnages qui ont figuré aux fêtes et tournois donnés par Louis XIV; 1 v. in-f° br.

554. Recueil des costumes français, depuis Clovis jusqu'à Napoléon; liv. n° 1 à 32; manquent les liv. n° 12 et 31; 30 liv.; neuf liv. doubles du même ouvrage.

555. Recueil historique de la vie et des ouvrages des plus célèbres architectes; 1 v. in-4°, v. m.

556. Monumenta mattachiana, avec fig. Rome, 1789, 3 v. p. in-f°.

557. Le palais de Scaurus, ou description d'une maison romaine, par Mérovir, prince des Suèves, avec f. Paris, 1822.

558. Recueil de divers monumens anciens, répandus en divers endroits de l'Italie; 166 p., et texte explicatif par Barbault, 1 v. g. in-f° cart.

559. Plan, élévation et vues des différentes parties de l'hôtel-de-ville d'Amsterdam, construit par J. Campen, avec le détail des sculptures qui l'ornent, exécutées par *Artus Quillinus*, et gravées par *H. Quillinus*.

560. Projet du palais de justice de la ville de Lyon, accompagné de 11 planches gravées par Baltard, brochure in-4°; 1830.

561. Grands prix d'architecture; collection complète de 120 planches, avec la table, le tout enfermé dans un portefeuille.

562. Projet de reconstruction de la salle de l'Odéon, par Peyre.

563. Théâtre de Marcellus; nouveau système de ponts en bois et en fer; essais de perspectives, etc., 8 brochures.

564. Cours élémentaire, théorique et pratique de construction, par J. P. Douliot; 1re partie, 1 v. in-4° br.

565. Concours décennal, ou collection gravée des ouvrages de peinture, sculpture, architecture et médailles, mentionnés dans le rapport de l'Institut de France, livraisons n° 1 à 10; manque le n° 8; 9 livraisons.

566. Vies et œuvres des peintres célèbres, par M. Landon, figures au trait; 3 v. in-4°, contenant les œuvres du Parmesan, des Carrache et du Poussin.

567. Annales du Musée, par le *même*, tome 1 à 16, plus le salon de 1810; 17 v. in-8° car.

568. Ouvrages de M. Landon, restés en cahier.
Salon de 1808, liv. 1, 2, 3 et 4.
Salon de 1812, liv. 1 à 9.
Salon de 1814, liv. 1, 2 et 3.
Salon de 1817, liv. 1 à 16.
Salon de 1819, liv. 1 à 12.
Salon de 1822, liv. 1 à 10 et 12.
Salon de 1824, liv. 1 à 6.

Ensemble soixante et une livraisons.

Partie ancienne, tome 1er, liv. 1 à 18.
    idem.   tome 2me, liv. 1 à 14.
    idem.   tome 3me, liv. 1 à 6.

Ensemble trente-huit livraisons.

569. Seize livraisons diverses, appartenant à d'autres parties, plus 7 livraisons d'un journal intitulé : Nouvelles des Arts, par Landon, et le Pausanias français, salon de 1806, 15 livraisons.

570. Rapports historiques sur les progrès des sciences naturelles, histoire et littérature, sciences mécaniques et beaux-arts, présentés à l'empereur par les quatre classes de l'Institut de France, les 6 et 20 février et le 5 mars 1808; tome 1 à 4.

571. Mémoires de l'Académie des sciences de l'Institut de France, t. 1 à 12.

Mémoires de la classe d'histoire, inscription et belles-lettres, t. 1 à 8.

Mémoires présentés par divers savans, t. 1 et 2. Ensemble, 26 v. in-4° cart.

572. Discours et rapports faits à l'Institut dans les sciences publiques, depuis 1814 jusqu'à 1831, chaque pièce brochée séparément.

573. Exposition de 1823, rapport du jury central; 1 v. in-8° br.

574. Trattato della pittura di Leonardo da Vinci. Napoli, 1783, 1 v. p. in-f° cart.

575. Le pitture di Pellegrino Tibaldi e di Nicolo Abbati esistenti nel Instituto di Bologna descritte da Zanetti. Venise, 1756, 1 v. in-f°; v. m. d.

576. La Platte, peinture de Philistrate Lemien, sophiste grec, avec figures par T. de Leu et L. Gauthier ; 1 v. p. in f°, v. f.

577. Histoire de la peinture en Italie, par l'abbé Lanzi, traduite par madame Dieudé. Paris, 1824, 5 v. in-8° br.

578. Cabinet des singularités d'architecture, peinture, sculpture et gravure, ou introduction à la connaissance des plus beaux arts, par Florent-le-Comte. Paris, 1699, 1 v. in-12, v. f.

579. Cours de peinture par principes, par M. de Pilles. Paris, 1791, 1 v. in-12 br.

580. De la peinture à l'huile, ou des procédés matériels employés dans ce genre de peinture, etc., par Mérimée. Paris, 1830, 1 v. in-8° br.

581. Mélanges sur les beaux arts, par N. Ponce. Paris, 1826, 1 v. in-8° br.

582. Recueil de pièces intéressantes, concernant les antiquités, les beaux-arts, les belles-lettres et la philosophie, traduites de différentes langues. Paris, 1787 à 1796, 6 v. in-8°, v. m.

583. Collection de lettres de N. Poussin. Paris, 1824, 1 v. in-8° br.

584. Recueil de lettres sur la peinture, la sculpture et l'architecture, par L. J. Jay. Paris, 1817, 1 v. in-8° br.

585. Lettres de M. l'abbé Le Blanc, historiographe des bâtimens du roi. Lyon, 1758, 3 v. in-12, v. m.

586. Observations sur quelques grands peintres, dans

lesquelles on cherche à fixer les caractères distinctifs de leur talent, par Taillasson. Paris, 1807, 1 v. in-8°, bas.

587. Histoire de la vie et des ouvrages de Raphaël, ornés de son portrait, par Quatre-Mère de Quincy. Paris, 1824, 1 v. in-8° br.

588. Abrégé de la vie des plus fameux peintres, avec leurs portraits, le premier volume seulement.

589. Entretiens sur la vie et les ouvrages des plus excellens peintres, anciens et modernes; seconde édition. Paris, 1688, 2 v. in-4°, v. m.

590. Description des objets d'art qui composent le cabinet Denon; un vol. pour les estampes, par M. Duchêne aîné; un vol. pour les tableaux, par M. Pérignon; un vol. pour les antiquités, par M. Dubois. 3 v. in-8 br.

591. Notice de tableaux exposés au Musée royal, 1830.

592. Livrets de divers salons, catalogues, etc.

593. Recueil anatomique à l'usage des jeunes gens, par Chaussier. Paris, 1820, 1 v. in-4°, d-r.

594. École de cavalerie, par Parrocel avec figures, gravées par *J. Audran*, *Bauvais*, *Dupuis*, etc. Paris, 1733, 1 v. p. in-f°, v. d. t. d. parfaite condition.

595. Dictionnaire iconologique ou introduction à la connaissance de la peinture, in-12.

596. Dictionnaire de la mythologie, in-16.

597. Dictionnaire des artistes, ou notice historique et raisonnée des architectes, peintres, graveurs, sculpteurs, musiciens, etc. Ouvrage rédigé par M. l'abbé de Fontenai. Paris, 1782, 2 v. in-12, v. m.

598. Dictionnaire des artistes de l'École française au XIX⁰ siècle, par Ch. Gabet.

599. La doctrine des mœurs, de la philosophie des Stoïques, représentée en 100 tableaux et 100 discours pour l'instruction de la jeunesse. Paris, 1646.

600. Dictionnaire historique et critique, par Bayle, seconde édition. Rotterdam, 1702, avec le supplément de Genève, 1722, 4 v. p. in-f° v. f.

601. Dictionnaire italien et français et français et italien, par Veneroni. 2 tomes en 1 vol. in-4°, v. f.

602. Nouveau vocabulaire ou dictionnaire portatif de la langue française avec la prononciation. Lyon, 1803.

603. Le grand dictionnaire historique de Morery, huitième édition. Amsterdam, 1694, 4 v. p. in f°.

604. Itinéraire de Paris à Jérusalem et de Jérusalem à Paris, allant par la Grèce et revenant par l'Égypte, la Barbarie et l'Espagne, par M. de Châteaubriand. Paris, 1811, 3 v. in-8°, v. m. den.

605. Voyage dans la haute et basse Égypte, par V. Denon. 1 vol. de planches grand in-f° et un vol. de texte in-4°.

606. Voyage philosophique et pittoresque en Angleterre et en France, fait en 1790, par G. Forster, traduit de l'allemand par Ch. Pougens, orné de 100 p. Paris, l'an 4.

607. Pausanias ou voyage historique de la Grèce, traduit en français, par l'abbé Gedoyn. Paris, 1731, 2 v. in-4°, v. f.

608. Voyage du sieur du Loir, contenu en plusieurs let-

tres écrites du Levant, touchant la Grèce et la domination du grand-seigneur sur ce pays. Paris, 1654.

609. Mythologie ou explication des fables, contenant la généalogie des dieux, les cérémonies de leurs sacrifices, etc., par J. D. M. Lyon, 1607, 1 v. in-4°.

610. Métamorphoses d'Ovide, en rondeaux, enrichies de figures, gravées par *Leclerc*. Paris, 1676, 1 v. g. in-4°, v. f.

611. Métamorphoses d'Ovide, traduites en français avec des remarques, par l'abbé Banier. Nouvelle édition. Paris, 1787, 3 v. in-12, v. m.

612. Métamorphoses d'Ovide, avec figures. 1 v. in-f° mal conservé.

613. Les Métamorphoses d'Ovide, divisées en 15 livres, enrichies de figures, nouvellement traduites par P. Du Byer. Paris, 1660, 1 v. p. in-f°.

614. Tableaux du temple des Muses, représentant les vertus et les vices sur les plus illustres fables de l'antiquité, par M. l'abbé de Marolles. Paris, 1655, 1 v. p. in-f°, v. rouge filets.

615. Histoire des juifs, écrite par Flauvius Joseph, traduite sur l'original grec, par M. Ar. d'Andilly, avec fig. Paris, 1667, 1. v., v. f. filets.

616. Histoire de la guerre des juifs contre les Romains Réponse à Appion, martyre des Macchabées, par Flauvius Joseph, traduite du grec par A. d'Andilly. Paris, 1648, 1 v., p. in-f°, v. f.

617. Discours sur l'Histoire universelle, à M. le dauphin, par J.-B. Bossuet; nouvelle édition. Paris, 1771, 2 v. in-12, v. m.

618. Histoire de Tucydide, de la guerre du Péloponèse, continuée par Xénophon, traduite par P. S. Dablancourt. Paris, 1662, 1 v. p. in-f°, v. f.

619. Les histoires d'Hérodote, mises en français par P. Du Byer. Paris, 1645.

620. Histoire romaine depuis la fondation de Rome, avec des notes historiques, géographiques et critiques; enrichie de fig. en taille-douce, cartes et plusieurs médailles authentiques, par Catrou et Rouillé. Paris, 1725, 21 v. in-4°, v. f.

621. Le grand théâtre historique pour l'usage de Mgr. le prince royal de Prusse. 5 tomes en 3 v. p. in-f°, v. f.

622. Histoire des empereurs romains, écrite en latin par Suétone, et nouvellement traduite par Du Teil, latin et français. Lyon, 1689, 2 v. in-12, v. f.

623. Commentaires de César, par Toulongeon. 2 v. in-16 br.

624. Histoire des révolutions arrivées dans le gouvernement de la république romaine, par l'abbé de Vertot, septième édition. Paris, 1786, 3 v. in-12, bas.

625. Les vies des hommes illustres de Plutarque, traduites en français avec des remarques critiques, par M. Dacier. Paris, 1778, 12 v. in-12, v. f.

626. *Histoire de Scipion l'Africain, pour servir de suite aux hommes illustres de Plutarque. Paris, 1752, 1 v. in-12, bas.

627. Histoire de l'empereur Charles V, par don J. An. de Vera, traduite de l'espagnol. Bruxelles, 1663, 1 v. in-24.

628. Nouvel abrégé chronologique de l'Histoire de France, depuis Clovis jusqu'à Louis XIV; nouvelle édition. Paris, 1775, 3 v. in-12.

629. Élémens de l'Histoire de France, depuis Clovis jusqu'à Louis XV, par l'abbé Millot, 4e édit. Paris, 1778, 3 v. in-12, v. m.

630. Mémoires de Messire de Joinville, témoin oculaire de la vie de saint Louis, roi de France. Paris, 1666, 1 v. in-16, v. f.

631. Histoire du roi Henri-le-Grand, composée par Hardouin de Piréfixé. Paris, 1771, 1 v. in-12, v. f.

632. Abrégé chronologique de l'Histoire de France, par le sieur de Mézeray; nouvelle édition augmentée. Paris, 1717, les vol. 1, 2 et 3 in-4°, v. fil.

633. Batailles d'Alexandre, avec des explications tirées des meilleurs auteurs; 1 v. in-4°, d.-r.

634. Abrégé des vies des anciens philosophes, par M. D. T. Paris, 1746, 1 v. in-12, v. fil.

635. Histoire philosophique et politique des établissemens et du commerce des Européens dans les deux Indes; nouv. édition. Amsterdam, 1773, 7 v. in-12, v. fil.

637. Oraisons choisies de Cicéron, traduction revue par de Wailly, le latin à côté, sur l'édition de M. l'abbé Lallement; nouv. édit. Paris, 1778, 3 v. in-12, v. fil.

638. Biographie nouvelle des contemporains, ou dictionnaire historique et raisonné de tous les hommes qui, depuis la révolution française, ont acquis de la

célébrité; par MM. Arnault, Jay, Jouy et Norvins; ornée de 240 portraits au burin. Paris, 1820-25, 20 v. in-8° br.

639. Virgili fragmenta ex Codice Vaticano, fig. et texte. Rome, 1741, 1 v. in-f°.

640. Le Roland furieux, par l'Arioste, traduit par Rosset. Paris, 1644, 1 v. in-4°, v. f.

641. La Jerusalemme liberata del Torquato Tasso. Roma, 1782, 1 v. in-16.

642. La Jérusalem délivrée, poëme du Tasse, traduit de l'italien; nouvelle édition. Paris, 1782, 2 v. in-16, bas.

643. La Jérusalem délivrée, traduction nouvelle, dédiée au comte de Vergennes. Paris, 1785, 5 v. in-16, br.

644. L'esprit de Milton, ou traduction en vers français du Paradis perdu, par l'auteur des traductions en vers des Odes d'Horace. Orléans, 1808. — La Jérusalem délivrée, traduite en vers par le même auteur. Paris, 1810; les deux ouvrages en 1 v. p. in-8°, d.-r.

645. Les œuvres poétiques du père Le Moine, enrichies de très-belles figures en taille-douce. Paris, 1672, 1 v. in-f°, v. f.

646 Chefs-d'œuvres de Pierre et de Thomas Corneille. Nouvelle édition, augmentée de notes et commentaires de M. de Voltaire. Paris, 1771, 5 v. in-12, v. m.

647. Œuvres de J. Racine, nouvelle édition. Paris, 1779, 5 v. in-16, v. m.

648. La Henriade, avec les notes et variations, suivie de

l'Essai sur la poésie épique, par Voltaire; édition stéréotype du 6ᵉ tirage. Paris, 1810, 1 v. in-16, bas.

649. La Henriade de Voltaire, avec des vignettes dessinées par Moreau, et un beau portrait par Tardieu. Très-bel exemplaire in-4°, v. rouge, den. tranche dorée.

650. Épitres, stances et odes de Voltaire; édition stéréotype d'Herhan. Paris, 1808, 1 v. in-8°, d.-r.

651. OEuvres de Voltaire. La Henriade, nouvelle édit. avec fig. Neuchâtel, 1772, 1 v. in-12, bas.

652. OEuvres de Voltaire; nouvelle édition, avec des notes et des observations critiques, par M. Palissot. Essai sur les mœurs et l'esprit des nations. Paris, 1792, 5 v. in-8°, v. m. dent.

653. OEuvres choisies de Rousseau; nouvelle édition. Londres, 1788, 1 v. in-16, v. m.

654. OEuvres de Gresset, nouvelle édition. Londres, 1765, 2 v. in-16, bas.

655. OEuvres de Régnard, nouvelle édition. Paris, 1778, 4 v. in-16, v. m.

656. OEuvres complètes d'Arnault. La Haye, 1817, 4 v. in-8° br.

657. Charlemagne, ou la Caroleïde, poëme en 24 chants, par le vicomte d'Arlincourt; 2ᵉ édition, ornée de vignettes, 2 v. in-8°, br.

658. OEuvres complètes de Gessner; nouvelle édition, revue et corrigée. Angers, 1792, 3 v. in-24, bas.

659. OEuvres de Lucien; traduction nouvelle, par M. l'abbé Massieu. Paris, 1781, 6 v. in-12, bas.

660. OEuvres complètes de Winkelmann, avec fig.; 2 v. in-4°, v. m.

661. Réflexions critiques sur les poésis et sur les peintures, de l'abbé Dubos; 7ᵉ édition, Paris, 1770, 3 v. in-12, v. fil.

662. L'homme des champs, ou les Géorgiques françaises, par J. Delille. Strasbourg, 1800, 1 v. in-8°, bas.

663. Les Géorgiques de Virgile en vers français, par Delille. Genève, 1785, 1 v. in-24, v. f.

664. La Gaule poétique, ou l'histoire de la France dans ses rapports avec la poésie, l'éloquence et les arts, par M. de Marchangy; 2ᵉ édition. Paris, 1819, 8 v. in-8° br.

665. Les aventures de Télémaque, par de la M. Fénélon; nouvelle édition, ornée de fig. Paris, 1806, 1 v. in-12, v. m.

666. Numa Pompilius, second roi de Rome, par de Florian; 2ᵉ édition. Paris, 1786, 2 v. in-16, v. f.

667. Le Bélisaire, par Marmontel. Londres, 1795, 1 v. in-24, v. f.

668. La Malteïde, ou le siége de Malte par Soliman II, empereur des Turcs, par N. Halma jᵉ. Paris, 1811, 1 v. in-8°, v. dent.

669. Fables de La Fontaine; nouvelle édition. Paris, 1820, 2 v. in-12 br.

670. Contes de La Fontaine. 2 v. in-16 br.

671. Fables chosies et mises en vers; dédiées à M. le comte de La Marche, par M. Richer; autres du même, dédiées au prince de Conty, 1744, 1 v.

672. Les caractères de La Bruyère. Paris, 1768, 2 v. in-16, bas.

673. Collection de vingt estampes, représentant des sujets de la Messiade, poëme de Klopstoch, gravées par *Ihon*, d'ap. les dessins de *Fuger*. 1 v. p. in-f°, richement relié en maroquin, dent., tranche dorée.

674. Le théâtre des Grecs, par L. P. Brunoy. Paris, 1730, 3 v. in-4°, v. m.

675. Collection de mémoires sur l'état dramatique, publiés ou traduits par divers auteurs, 6° liv. Paris, 1825, 2 v. in-8° br.

676. De la manière d'enseigner et d'étudier les belles-lettres, par rapport à l'esprit et au cœur, par M. Rollin; 2° édition. Paris, 1728, 4 v. in-12, bas.

677. L'Arétin moderne. Rome, 1780, 2 v. in-16, bas.

678. Histoire du petit Jean de Saintrée et de la dame des belles cousines; extraits de la vieille chronique de ce nom, par M. de Tressan, avec fig. 1 vol. in-24, v. m. fil.

679. Les amours de Psyché et de Cupidon, par de La Fontaine, avec fig. Paris, 1793, 1 v. in-24, v. f. fil.

680. Paul et Virginie, par Bernardin de S.-Pierre. Paris, 1789, 1 v. in-24, v. f.

681. Les amours pastorales de Daphnis et Chloé. 1745, 1 v. in-12, bas.

682. Les entretiens d'Ariste et d'Eugène; 5 édition, où les mots des devises sont expliqués. Paris, 1683.

683. Recueil d'épitaphes sérieuses, badines, satiriques, etc., enrichi de notes et d'anecdotes historiques :

ouvrage moins triste qu'on ne pense; par D. L. P.-Bruxelles, 1782, 3 v. in-12, v. m.

684. Lettres choisies de M. de La Rivière. Paris, 1751; 2 v. in-12, v. f.

685. Les Entretiens de M. de Balzac; 1 v, in-24, v. f.

686. Mélanges historiques; 1 v. in-24, v. f.

687. Les Nuits d'Young, traduites de l'anglais par Le Tourneur. Londres, 1793, 3 v. in-16, v. m. fil.

688. Les Aventures de Periphas, descendant de Cécrops; par Buget-de-S.-Pierre. Amsterdam, 1741, 1 v. in-12.

689. La nouvelle Éloïse, ou lettres de deux amans habitant une petite ville au pied des Alpes, recueillies et publiées par J.-J. Rousseau. Nouvelle édition, ornée de fig. Neuchâtel, 1744, 4 v. in-12, bas.

690. Veillées de Thessalie. Nouvelle édition, augmentée de trois veillées; par mademoiselle de Lussan; 2 v. in-12, bas.

691. Géographie moderne, par l'abbé Nicolle: 5e édition. Paris, 1762, 2 v. in-12, bas.

692. Plusieurs lots de brochures seront vendus sous ce numéro, ainsi que tous les livres qui auraient été omis dans le présent catalogue.

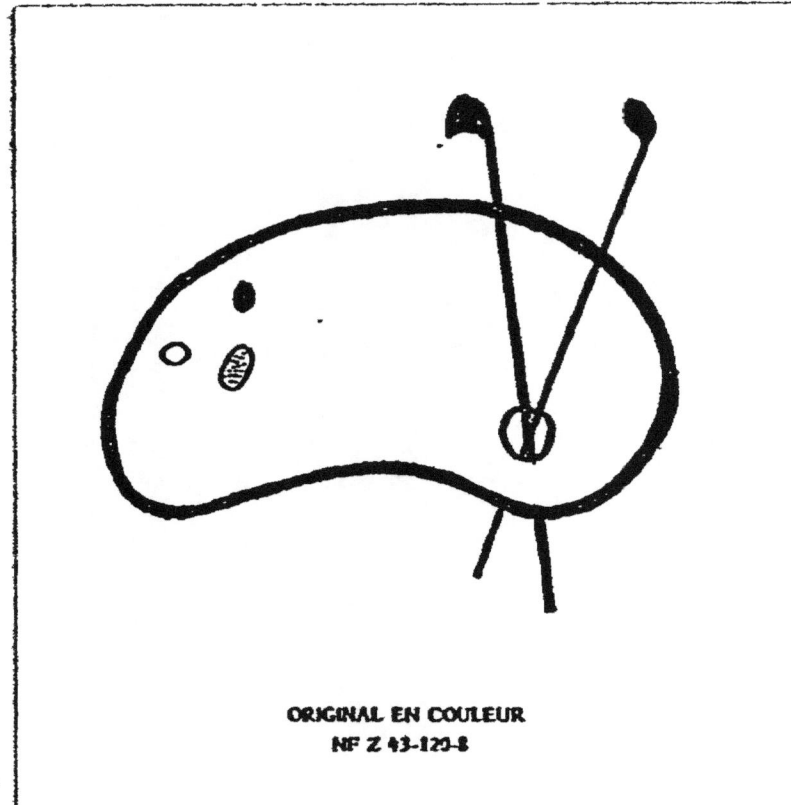

www.ingramcontent.com/pod-product-compliance
Lightning Source LLC
Chambersburg PA
CBHW070209230526
45471CB00002B/896